1단계

치치·밍밍과 함께하는

중국어 배우기

跟启启·明明一起学汉语

기초회화편

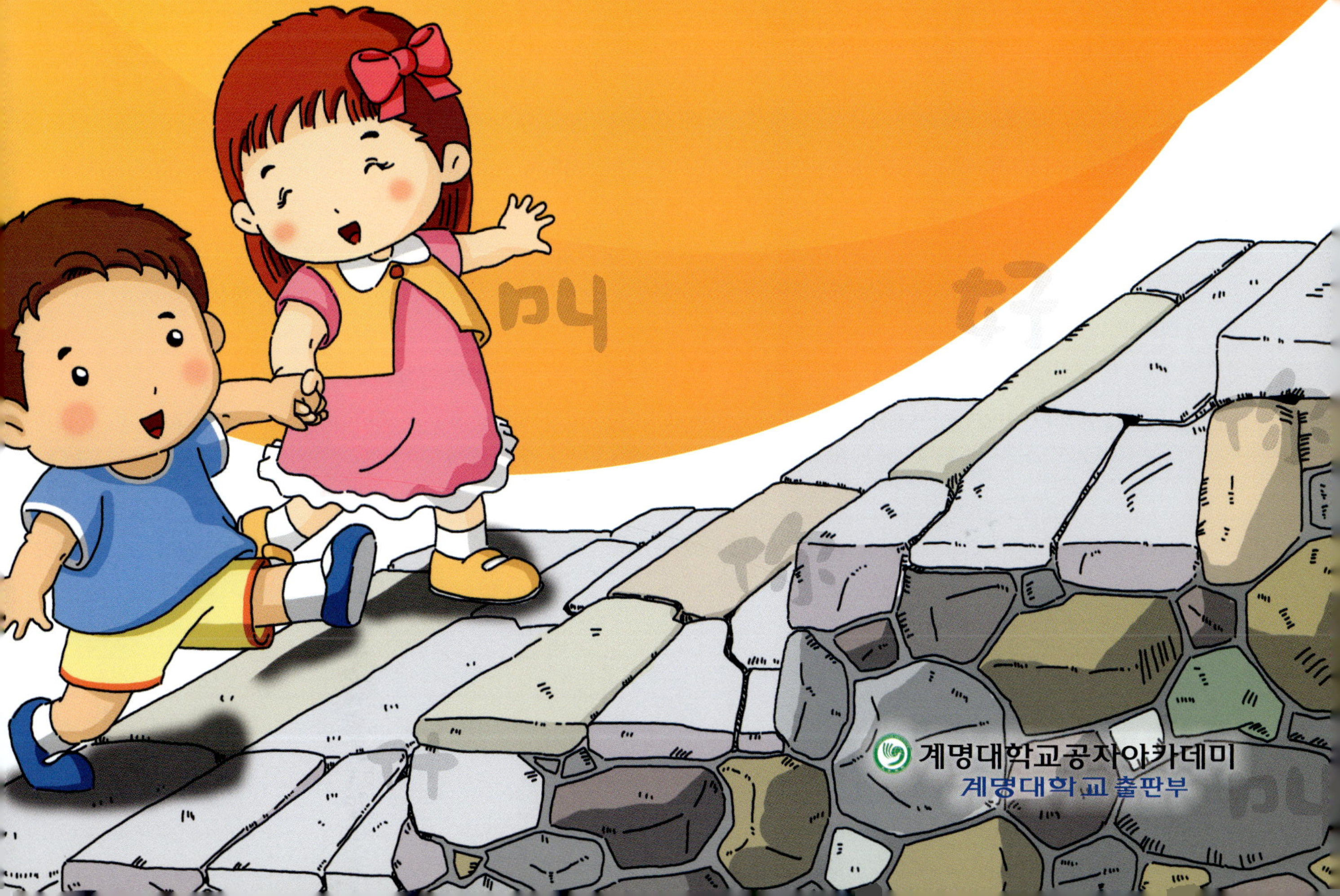

계명대학교공자아카데미

계명대학교 출판부

머리말

어린이 여러분,

신나고 즐거운 중국어의 세계로 오신 걸 환영 합니다.

여러분은 중국이 어떤 나라인지는 잘 알고 있나요? 중국은 세계에서 3번째로 땅이 넓은 나라이며, 13억의 인구가 살고 있는 나라입니다. 아주 큰 나라이지요. 이렇게 많은 사람들이 쓰는 언어를 이제 우리 어린이 여러분들도 배워 볼 거예요. 어린이 여러분이 주인공인 21세기는 영어는 물론 중국어도 말할 줄 알아야 하는 시대입니다. 중국이 세계의 강국으로 떠오르기 때문이지요. 중국이라는 나라를 잘 알려면, 먼저 그 나라 말을 할 줄 알아야 해요. 중국어는 중국이라는 나라를 잘 알기 위한 하나의 방법입니다.

중국어는 어려운 언어가 아닙니다. 한자 또한 어려운 글자가 아닙니다. 중국어와 한자가 재미있고 쉽다는 것을 이 책을 통해서 알게 될 것입니다. 하나하나 천천히 우리의 주인공 启启와 明明이를 따라 함께 중국어를 배워 볼 거예요.

부모님들께

UN에서 지정한 공식 언어 가운데 하나인 중국어.

13억 인구가 사용하고 있는 중국어. 중국어는 중국과 대만 이외에도 동남아 전 지역에 걸쳐 통용 되는 최다 사용언어 입니다. 이제 21세기는 중국어의 필요성이 절대적입니다.

이미 중국어의 열풍은 식지 않고 치솟고 있습니다. 2008년 북경 올림픽의 성공적인 개최로 그 열기는 더욱 강하게 일어나고 있습니다.

이제 중국을 말하지 않고서는 세계의 정치, 경제, 문화를 말할 수 없다 해도 과언이 아닙니다.

또한 한국의 각 대학에서도 중국학과, 중국어의 중요성을 더욱 부각시키고 있는 실정입니다.

여기에 발맞추어 어린이들이 중국어를 공부하는 것은 당연한 것입니다.

본 교재는 중국어를 전공하신 선생님들이 어린이들의 학습 동기를 이끌어 내고, 중국어를 어렵지 않고 재미있게 배울 수 있도록 심사숙고하여 만들었습니다.

본 교재를 통해 어린이들이 21세기를 한 발 앞서 준비하고, 진정한 21세기의 주인공의 역할을 할 것이라 기대하는 바입니다.

목 차

구성안내

课文 (본문)

각 과의 주요 문장입니다.
A와 B의 묻고 대답하는 장면을 통해 그 문장이 어떠한 상황에서 쓰이는지에 대해 배워 봅니다.

学习生词 (함께 단어를 공부해요)

그림과 함께 그 단어에 해당하는 한자와 한어병음, 그리고 뜻을 배워 봅니다.

플래쉬 카드 그림

플래쉬 카드를 통해서 꼭 다시 한 번 단어를 복습하세요.

听一听 (함께 들어봐요)

듣고 따라하는 교체 연습 파트입니다. 과의 주요 구문에 대상을 바꿔가며 조금 더 많은 구문을 익힙니다.

※ 猫 māo 고양이 — 각 단원 단어에서 배우지 않은 새로운 단어입니다.

贴一贴 (스티커를 붙여요)

스티커 붙이기 파트입니다. 다음 대화에 해당하는 스티커를 찾아 붙이며 한자를 보면서 동시에 그림을 연상시키는 연습을 하고 표현 활용 연습을 통해 실력을 쑥쑥 키워 갑니다.

一起练习 (함께 연습해요)

연습문제 파트입니다. 선긋기, 색칠하기, 그리기, 동그라미 하기 등의 놀이를 통해 본문과 듣기 파트에 이어 배운 내용을 한 번 더 복습합니다.

一起唱歌 (함께 노래 불러요)

리듬에 맞춰 노래를 따라 부르고 중국어 가사를 외워 봅니다.

인물소개

1 치치네 (启启)

치치

명랑하고 쾌활한 우리의 주인공이다. 4살이고, 어른들을 공경한다.

할아버지

운동을 좋아하셔서 매우 건강하시고 독서를 즐기신다. 그래서 늘 치치에게 운동을 가르쳐 주시고 좋은 말씀을 많이 해주신다.

아빠

중국어 선생님이시다. 퇴근 후 항상 가족들과 함께 보내는 것을 좋아하신다.

엄마

언제나 가족들의 건강을 생각하시고 맛있는 음식으로 가족들을 행복하게 한다.

오빠

9살이며, 초등학생이다. 똑똑하고 동생들을 매우 아낀다.

여동생

치치보다 1살 어린 3살의 귀여운 여동생이며, 늘 치치를 따라 다닌다. 아이스크림과 초콜릿과 같은 단 음식을 좋아한다.

2 밍밍이네 (明明)

밍밍

호기심 많은 우리의 남자 주인공이다. 치치와 같은 4살이며, 동물과 독서를 굉장히 좋아한다.

할머니

뜨개질과 산책을 좋아하시고 바쁘신 엄마 대신 밍밍이와 동생을 잘 돌봐주신다.

아빠

회사의 일이 너무 많아 늘 바쁘시지만 시간이 있을 때는 밍밍이와 축구하는 것을 좋아한다.

엄마

'계명유치원'선생님이다. 자상하시며 항상 밝게 웃는 얼굴로 학생들을 대하신다.

누나

치치 오빠와 같은 9살 초등학생이다. 예의 바르고 상냥하며 무척 예쁘다.

남동생

노는 것을 좋아하는 장난꾸러기 3살이다. 장남감 중 특히 로봇을 좋아한다.

3 치치·밍밍의 친구

리리 (丽丽)

치치와 밍밍의 이웃이다. 치치·밍밍보다 1살 많아 먼저 유치원에 들어간 만큼 치치와 밍밍에게 늘 유치원에서 있었던 재미있었던 이야기를 해준다.

치치·밍밍과 함께하는

중국어 배우기

1과 你好! 再见!

Track
01
你好!
你好! 안녕!
Nǐ hǎo!

再见!
再见! 또 만나!
Zàijiàn!

学习生词

Track 02

你好 nǐ hǎo
您好 nín hǎo
안녕, 안녕하세요

再见 zàijiàn
또 만나

爸爸 bàba
아빠

함께 단어를 공부해요

妈妈 māma

엄마

爷爷 yéye

할아버지

奶奶 nǎinai

할머니

听一听 함께 들어봐요

Track 03

1

启启：爸爸，您好！

爸爸：你好！

2

启启：妈妈，您好！

妈妈：你好！

3

启启：爷爷，再见！

爷爷：再见！

4

启启：奶奶，再见！

奶奶：再见！

Track 04

♥ 치치의 가족사진입니다. 가족들의 얼굴에 알맞은 스티커를 붙여요.

一起练习 함께 연습해요

Track 05

♥ 대화에 알맞은 그림을 찾아 선을 그어 보세요.

1

启启：爸爸，再见！
爸爸：再见！

2

启启：奶奶，您好！
奶奶：你好！

一起唱歌 함께 노래불러요

Track 06

你好

Nǐ hǎo

你好　你好　你好　~　爸爸　你好　妈妈　你好

Nǐ hǎo　nǐ hǎo　nǐ hǎo　~　bàba　nǐ hǎo　māma　nǐ hǎo

你好　你好　你好　你好　만날 땐　你好　你好

nǐ hǎo　nǐ hǎo　nǐ hǎo　nǐ hǎo　만날 땐　nǐ hǎo　nǐ hǎo

안녕 안녕 안녕 ~
아빠 안녕 엄마 안녕
안녕 안녕 안녕 안녕
만날 땐 안녕 안녕

치치·밍밍과 함께하는

중국어 배우기

2과 谢谢! 不客气!

Track 07

谢谢! 고맙습니다!
Xièxie!

不客气(不用谢)! 천만에요!
Bú kèqi (Búyòng xiè)!

学习生词

Track 08

谢谢 xièxie

고맙습니다

不客气 bú kèqi

不用谢 búyòng xiè

천만에요.

哥哥 gēge

형, 오빠

함께 단어를 공부해요

妹妹 mèimei

여동생

姐姐 jiějie

누나(언니)

弟弟 dìdi

남동생

听一听 함께 들어봐요

Track 09

1

启启 : 谢谢, 妈妈!

妈妈 : 不客气!

2

启启 : 谢谢, 爸爸!

爸爸 : 不客气!

3

启启 : 谢谢, 哥哥!

哥哥 : 不客气!

Track 10

启启：谢谢，妹妹！

妹妹：不用谢！

明明：谢谢，姐姐！

姐姐：不用谢！

明明：谢谢，弟弟！

弟弟：不用谢！

一起练习 함께 연습해요

Track 11

♥ 대화에 알맞은 그림을 찾아 동그라미 하세요.

启启：谢谢，警察叔叔！
警察：不客气！

※ 警察 jǐngchá 경찰
叔叔 shūshu 아저씨, 삼촌

Track 12

找朋友

Zhǎo Péngyou

找 呀 找 呀 找 朋 友， 找 到 一个 好 朋 友。

Zhǎo ya zhǎo ya zhǎo péngyou, Zhǎo dào yí ge hǎo péngyou。

敬 个礼呀 握握手， 你是 我 的 好 朋友。

Jìng ge lǐ ya wò wò shǒu, Nǐ shì wǒ de hǎo péngyou。

친구를 찾아봐요. 친구를 찾아봐요.

친구 한 명을 찾았어요.

인사를 하고, 악수를 해요.

너는 나의 좋은 친구야~

치치·밍밍과 함께하는

중국어 배우기

3과 你好吗?

Track 13

你好吗? 너 잘 지내?

Nǐ hǎo ma?

我很好!
我很好! 나 잘 지내!
Wǒ hěn hǎo!

学习生词

Track 14

我 wǒ
나

你 nǐ / 您 nín
너 / 당신

他 / 她 tā
그 / 그녀

함께 단어를 공부해요

也 yě

~도

很 hěn

잘(매우)

好 hǎo

좋다

听一听 함께 들어봐요

Track 15

1

启启：你好吗？

明明：我很好。

2

明明：他好吗？

启启：他很好。

3

启启：爸爸，您好吗？

爸爸：我很好。

Track 16

明明：爷爷，您好吗？

爷爷：我很好，你呢？

明明：我也很好。

明明：哥哥，你好吗？

哥哥：我很好，你呢？

明明：我也很好。

Track 17

♥ 밍밍이의 가족을 소개해 보세요.

我的家人

一起唱歌 함께 노래불러요

Track 18

家族歌

Jiāzú Gē

爸爸的 爸爸 叫 什么?　爸爸的 爸爸 叫 爷爷。

Bàba de bàba jiào shénme?　bàba de bàba jiào yéye。

爸爸的 妈妈 叫 什么?　爸爸的 妈妈 叫 奶奶。

bàba de māma jiào shénme?　bàba de māma jiào nǎinai。

아빠의 아빠는 뭐라고 불러요? 아빠의 아빠는 할아버지라고 해요.

아빠의 엄마는 뭐라고 불러요? 아빠의 엄마는 할머니라고 해요.

치치·밍밍과 함께하는

중국어 배우기

4과 你叫什么?

Track 19

你叫 什么? 네 이름은 뭐야?

Nǐ jiào shénme?

我叫启启。나는 치치라고 해.
Wǒ jiào Qǐqi。

学习生词

Track 20

叫 jiào
(이름을 ~라) 부르다

什么 shénme
무엇

小狗 xiǎo gǒu
강아지

狮子 shīzi

사자

兔子 tùzi

토끼

熊猫 xióngmāo

판다 곰

听一听 함께 들어봐요

Track 21

1

丽丽：你叫什么？

启启：我叫启启。

2

启启：你叫什么？

丽丽：我叫丽丽。

3

丽丽：你叫什么？

小狗：我叫小狗。

贴一贴 스티커를 붙여요

Track 22

启启：你叫什么？

狮子：我叫狮子。

明明：你叫什么？

兔子：我叫兔子。

明明：你叫什么？

熊猫：我叫熊猫。

一起练习 함께 연습해요

Track 23

♥동물들의 뒷모습을 찾아 선을 그어 보세요.

一起唱歌 함께 노래불러요

Track 24

两 只 兔子
Liǎng Zhī Tùzi

两 只 兔 子, 两 只 兔 子, 跳 得 高, 跳 得 高,

Liǎng zhī tùzi, liǎng zhī tùzi, tiào de gāo, tiào de gāo,

一 只 没 有 耳 朵, 一 只 没 有 尾 巴, 真 奇 怪! 真 奇 怪!

yì zhī méi yǒu ěrduo, yì zhī méi yǒu wěiba, zhēn qíguài! zhēn qíguài!

토끼 두 마리 토끼 두 마리 높이 뛰어요 높이 뛰어요.
한 마리는 귀가 없네요. 한 마리는 꼬리가 없네요.
정말 이상해요, 정말 이상해요.

치치·밍밍과 함께하는

중국어 배우기

5과 你几岁了？

Track 25
你几岁了?
你几岁了? 너 몇 살이야?
Nǐ jǐ suì le?

我四岁了。나 4살이야.

Wǒ sì suì le。

学习生词

Track 26

几 jǐ
몇

岁 suì
살, 세

一 yī
하나

二/两 èr / liǎng
둘

三 sān
셋

四 sì
넷

함께 단어를 공부해요

五 wǔ
다섯

六 liù
여섯

七 qī
일곱

八 bā
여덟

九 jiǔ
아홉

十 shí
열

听一听

Track 27

1

启启：你几岁了？

明明：我四岁了。

2

启启：弟弟，你几岁了？

弟弟：我三岁了。

3

启启：姐姐，你几岁了？

姐姐：我九岁了。

4

启启：你的小狗几岁了？

明明：四岁了。

5

启启：你的猫几岁了？

明明：七岁了。

6

启启：你的兔子几岁了？

明明：八岁了。

※ 的 de ~의, 猫 māo 고양이

贴一贴

Track 28

启启：你弟弟几岁了？

明明：我弟弟三岁了。

启启：你姐姐几岁了？

明明：我姐姐九岁了。

스티커를 붙여요

明明：你妹妹几岁了？

启启：我妹妹三岁了。

明明：你哥哥几岁了？

启启：我哥哥九岁了。

一起练习 함께 연습해요

Track 29

♥ 치치 나이만큼 생일 케이크에 초를 그려 넣으세요.

Track 30

生日歌

Shēngrì Gē

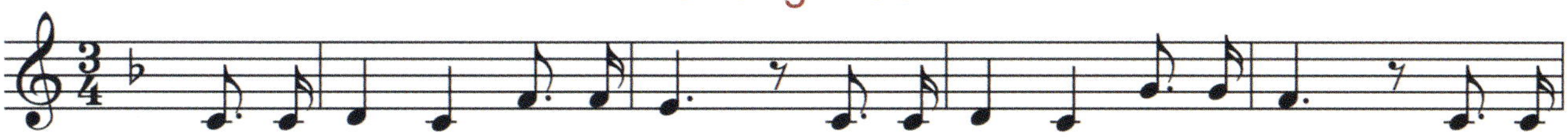

祝 你 生 日 快 乐,　　祝 你 生 日 快 乐,

Zhù nǐ shēngrì kuàilè,　　zhù nǐ shēngrì kuàilè,

祝 你 生 日 快 乐,　　祝 你 生 日 快 乐!

zhù nǐ shēngrì kuàilè,　　zhù nǐ shēngrì kuàilè!

생일 축하합니다. 생일 축하합니다.

생일 축하합니다. 생일 축하합니다.

치치·밍밍과 함께하는

중국어 배우기

6과 这是什么?

Track 31
这是什么?
这是什么? 이건 뭐야?
Zhè shì shénme?

这是娃娃。이건 인형이야.

Zhè shì wáwa。

学习生词

Track 32

娃娃 wáwa

인형

玩具 wánjù

장난감

帽子 màozi

모자

함께 단어를 공부해요

铅笔 qiānbǐ

연필

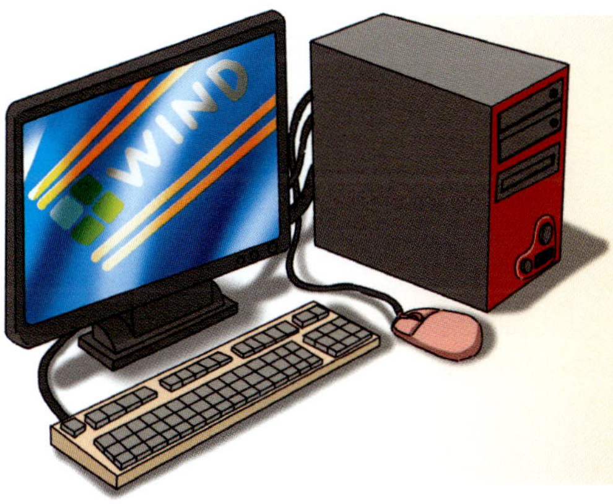

电脑 diànnǎo

컴퓨터

桌子 zhuōzi

책상

听一听

Track 33

1

启启：这是什么?

明明：这是娃娃。

2

启启：这是什么?

明明：这是玩具。

3

启启：这是什么?

明明：这是帽子。

4

明明：这是什么？

启启：这是铅笔。

5

明明：这是什么？

启启：这是电脑。

6

明明：这是什么？

启启：这是桌子。

贴一贴

Track 34

启启：这是什么？

明明：这是铅笔。

启启：这是什么？

明明：这是电脑。

启启：这是什么？

明明：这是帽子。

스티커를 붙여요

明明：这是什么？

启启：这是玩具。

明明：这是什么？

启启：这是娃娃。

明明：这是什么？

启启：这是桌子。

一起练习 함께 연습해요

Track 35

♥ 치치의 얼굴을 그려주세요.

一起唱歌 함께 노래불러요

Track 36

眼睛 在 哪里?

Yǎnjing Zài Nǎlǐ ?

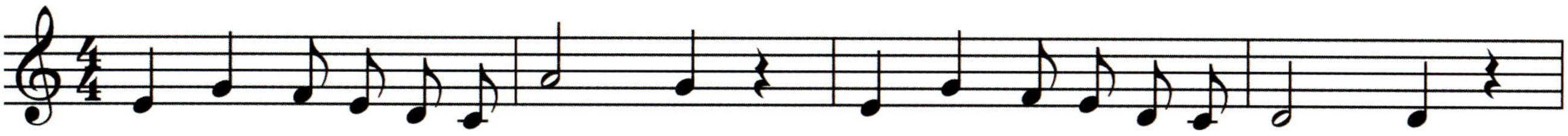

眼 睛 在 哪 里? 这 里。 耳 朵 在 哪 里? 这 里。

Yǎnjing zài nǎlǐ? Zhèlǐ。 Ěrduo zài nǎlǐ? Zhèlǐ。

鼻 子 在 哪 里? 这 里。 手 在 哪里? 这 里。

Bízi zài nǎlǐ? Zhèlǐ。 Shǒu zài nǎlǐ? Zhèlǐ。

눈은 어디에 있나요? 여기요. 귀는 어디에 있나요? 여기요.
코는 어디에 있나요? 여기요. 손은 어디에 있나요? 여기요.

치치·밍밍과 함께하는

중국어 배우기

7과 那是什么?

Track 37

那是什么? 저건 뭐예요?

Nà shì shénme?

那是太阳。 저건 태양이야.

Nà shì tàiyáng。

学习生词

Track 38

太阳 tàiyáng
태양

星星 xīngxing
별

月亮 yuèliang
달

山 shān

산

海 hǎi

바다

彩虹 cǎihóng

무지개

听一听

Track 39

♥함께 듣고 따라하면서 선을 그어 보세요.

1

启启：那是什么？

明明：那是山。

2

启启：那是什么？

明明：那是太阳。

3

明明：那是什么？

启启：那是月亮。

4

明明：那是什么？

启启：那是星星。

贴一贴

Track 40

启启：那是什么？

明明：那是太阳。

启启：那是什么？

明明：那是星星。

启启：那是什么？

明明：那是月亮。

明明：那是什么？

启启：那是山。

明明：那是什么？

启启：那是海。

明明：那是什么？

启启：那是彩虹。

Track 41

♥ 점선을 따라 그림을 그리고 색칠해 보세요.

一起唱歌 함께 노래불러요

Track 42

小星星

Xiǎo Xīngxing

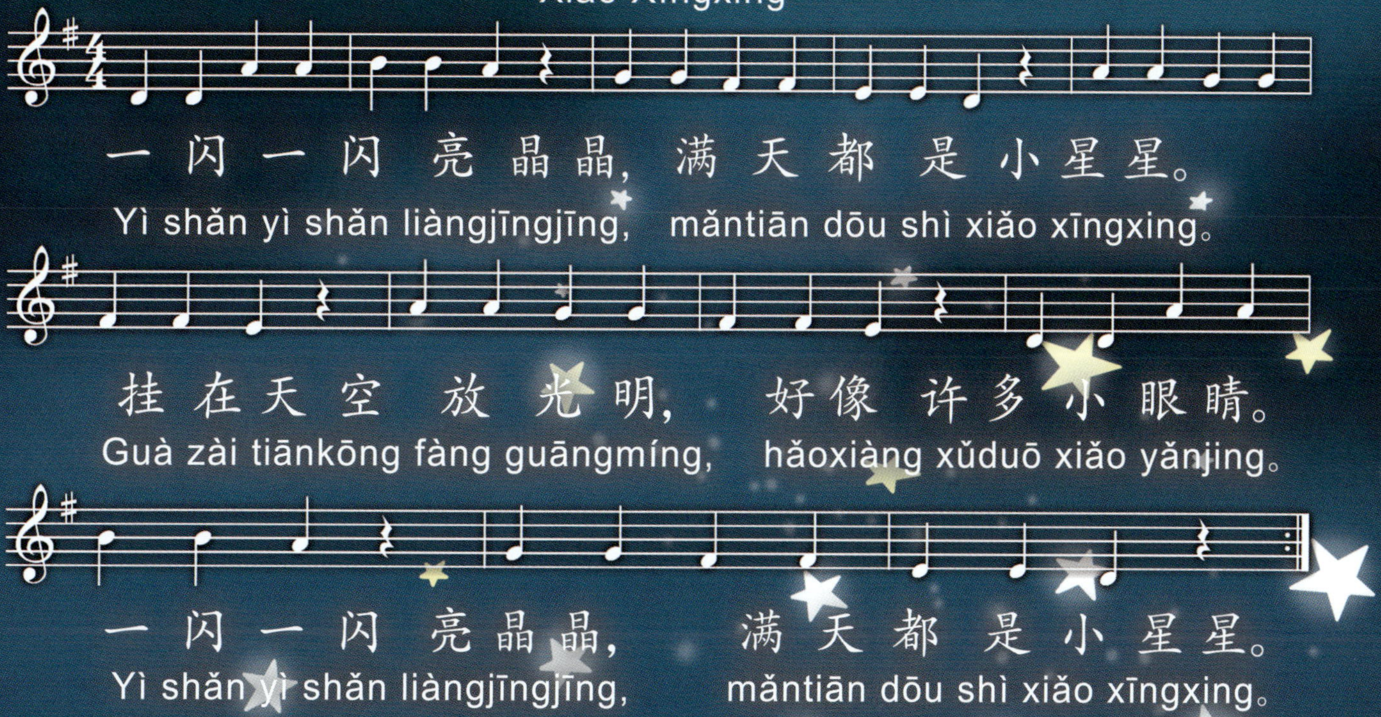

치치·밍밍과 함께하는

중국어 배우기

8과 你吃什么?

你吃什么? 너 뭐 먹어?
Nǐ chī shénme?

我吃苹果。나 사과 먹어.

Wǒ chī píngguǒ。

学习生词

Track 44

吃 chī
먹다

水果 shuǐguǒ
과일

西瓜 xīguā
수박

苹果 píngguǒ
사과

草莓 cǎoméi
딸기

葡萄 pútáo
포도

听一听

Track 45

1

启启：您吃什么？

爸爸：我吃苹果。

2

启启：您吃什么？

爷爷：我吃西瓜。

3

启启：您吃什么？

妈妈：我吃葡萄。

4

启启：你吃什么？

哥哥：我吃草莓。

贴一贴

Track 46

启启：你吃什么？

明明：我吃苹果。

启启：您吃什么？

爸爸：我吃西瓜。

启启：您吃什么？

妈妈：我吃水果。

启启：您吃什么？

爷爷：我吃草莓。

启启：您吃什么？

奶奶：我吃葡萄。

启启：你吃什么？

哥哥：我吃香蕉。

※ 香蕉 xiāngjiāo 바나나

一起练习 함께 연습해요

Track 47

♥ 다음 대화와 알맞은 그림을 찾아 선을 그어 보세요.

1

A : 你吃什么?
B : 我吃草莓。

2

A : 你吃什么?
B : 我吃西瓜。

Track 48

丢 手绢
Diū Shǒujuàn

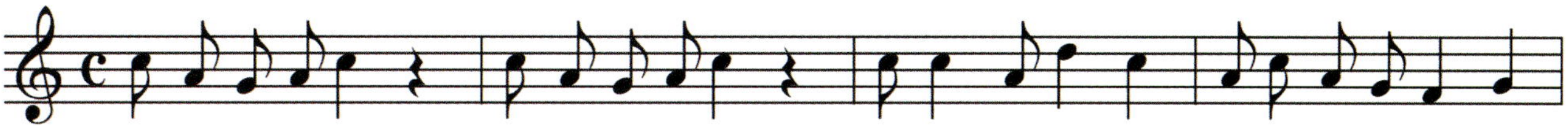

丢手绢，丢手绢，轻轻地放在 小朋友的后面，
Diū shǒujuàn, diū shǒujuàn, qīngqīng de fàngzài xiǎopéngyou de hòumian,

大家不要告诉他，快点快点抓住他，快点快点抓住他。
dàjiā búyào gàosù tā, kuàidiǎn kuàidiǎn zhuāzhù tā, kuàidiǎn kuàidiǎn zhuāzhù tā。

손수건을 찾아요. 손수건을 찾아요.
몰래몰래 친구 뒤에 손수건을 놓아요.
모두들 술래에게 알려주지 말아요.
빨리 빨리 술래를 잡으러 가요.
빨리 빨리 잡으러 가요

치치·밍밍과 함께하는
중국어 배우기

9과 你看什么?

你看什么? 너 뭐 봐?

Nǐ kàn shénme?

我看书。
我看书。나 책 봐.
Wǒ kàn shū。

学习生词

Track 50

看 kàn
보다

书 shū
책

电视 diànshì
텔레비전

함께 단어를 공부해요

照片 zhàopiàn

사진

手表 shǒubiǎo

손목시계

童话书 tónghuàshū

동화책

听一听

Track 51

1

启启：哥哥，你看什么？

哥哥：我看书。

2

启启：妹妹，你看什么？

妹妹：我看电视。

3

明明 : 姐姐, 你看什么?

姐姐 : 我看手表。

4

明明 : 弟弟, 你看什么?

弟弟 : 我看童话书。

贴一贴

Track 52

启启：你看什么？

明明：我看书。

启启：你看什么？

明明：我看电视。

启启：你看什么？

明明：我看照片。

启启 : 你看什么?

明明 : 我看手表。

启启 : 你看什么?

明明 : 我看童话书。

启启 : 你看什么?

明明 : 我看你。

一起练习 함께 연습해요

Track 53

♥ 다음 그림을 보고 질문에 대답해보세요.

启启看什么?

明明看什么?

哥哥看什么?

姐姐看什么?

Track 54

健康 歌

Jiànkāng Gē

左 三 圈，右 三 圈，脖 子 扭 扭，屁 股 扭 扭，

Zuǒ sān quān, yòu sān quān, bózi niǔniu, pìgu niǔniu,

抖 抖 手 哇，跺 跺 脚 呀，勤 做 深 呼 吸，

Dǒudou shǒu wa , duòduo jiǎo ya , qín zuò shēnhūxī ,

早 睡 早 起 我们 来 做 运 动。

zǎo shuì zǎo qǐ wǒmen lái zuò yùndòng。

学 爷爷 蹦 蹦 跳 跳，我 也 不 会 老。

xué yéye bèngbeng tiàotiao , wǒ yě búhuì lǎo。

왼쪽으로 세바퀴, 오른쪽으로 세바퀴 목을 돌리고 엉덩이를 돌려요.

일찍 자고 일찍 일어나서 우리 운동해요.

손을 털고 발을 구르며 열심히 숨을 깊게 마시고 내쉬어요.

할아버지처럼 깡충깡충 뛰면 나도 건강 할 거예요.

치치·밍밍과 함께하는

중국어 배우기

10과 你去哪儿?

Track 55
你去哪儿?
你去哪儿? 너 어디 가?
Nǐ qù nǎr ?

我去动物园。나 동물원 가.

Wǒ qù dòngwùyuán。

学习生词

Track 56

去 qù

가다

动物园 dòngwùyuán

동물원

游乐园 yóulèyuán

놀이동산

幼儿园 yòu'éryuán

유치원

学校 xuéxiào

학교

超市 chāoshì

슈퍼마켓

听一听

Track 57

1

启启：你去哪儿？

明明：我去动物园。

2

启启：你去哪儿？

丽丽：我去幼儿园。

3

明明：你去哪儿？

启启：我去游乐园。

♥ 함께 듣고 따라하면서 선을 그어 보세요.

4

启启 : 你去哪儿?
明明 : 我去超市。

启启 : 你去哪儿?
哥哥 : 我去学校。

妈妈 : 你去哪儿?
启启 : 我去明明家。

贴一贴

Track 58

启启：你去哪儿?

明明：我去动物园。

明明：你去哪儿?

启启：我去游乐园。

启启：你去哪儿?

丽丽：我去幼儿园。

启启：你去哪儿？

哥哥：我去学校。

启启：你去哪儿？

明明：我去超市。

妈妈：你去哪儿？

启启：我去明明家。

※ 家 jiā 집

一起练习 함께 연습해요

Track 59

♥ 다음 대화를 듣고 내용과 맞는 그림에 동그라미 하세요.

1

2

Track 60

新年好

Xīnnián Hǎo

新 年 好 呀, 新 年 好 呀, 祝 贺 大 家 新 年 好!

Xīnnián hǎo ya, Xīnnián hǎo ya, zhùhè dàjiā Xīnnián hǎo!

我 们 唱 歌, 我 们 跳 舞, 祝 贺 大 家 新 年 好!

Wǒmen chànggē, wǒmen tiàowu, zhùhè dàjiā Xīnnián hǎo!

새해 복 많이 받으세요. 새해 복 많이 받으세요.

모두들 새해 복 많이 받으세요.

우리 노래 부르고 춤 춰요. 모두들 새해 복 많이 받으세요.

치치·밍밍과 함께하는

중국어 배우기

답안 · 해설

1 과

p.14 听一听

1. 치치 : 아빠, 안녕하세요!
   아빠 : 안녕!

2. 치치 : 엄마, 안녕하세요!
   엄마 : 안녕!

3. 치치 : 할아버지, 또 만나요!
   할아버지 : 또 보자!

4. 치치 : 할머니, 또 만나요!
   할머니 : 또 보자!

p.16 一起练习

1.

치치 : 아빠, 또 만나요!
아빠 : 또 보자!

2.

치치 : 할머니, 안녕하세요!
할머니 : 안녕!

2 과

p.24 听一听

1. 치치 : 고맙습니다. 엄마!
   엄마 : 천만에요.(별말씀을요.)

2. 치치 : 고맙습니다. 아빠!
   아빠 : 천만에요.

3. 치치 : 고마워요, 오빠!
   오빠 : 천만에요.

p.25 贴一贴

1. 치치 : 고마워, 동생아!
   여동생 : 천만에요.

2. 밍밍 : 고마워요, 누나!
   누나 : 천만에요.

3. 밍밍 : 고마워, 동생아!
   남동생 : 천만에요.

p.26 一起练习

치치 : 고맙습니다. 경찰아저씨!
경찰 : 천만에요.

3 과

p.34 听一听

1. 치치 : 너 잘 지내?
   밍밍 : 나 잘 지내.

2. 밍밍 : 그(형)는 잘 지내니?
   치치 : 그(오빠)는 잘 지내.

3. 치치 : 아빠, 잘 지내세요?
   (잘 지내십니까)
   아빠 : 나는 잘 지내.

p.35 贴一贴

1. 밍밍 : 할아버지, 잘 지내세요?
   할아버지 : 나는 잘 지내. 너는?
   밍밍 : 저도 잘 지내요.

2. 밍밍 : 형, 잘 지내요?
   형 : 나는 잘 지내. 너는?
   밍밍 : 나도 잘 지내요.

p.36 一起练习

我是明明，她是我奶奶，他是我爸爸，她是我妈妈，她是我姐姐，他是我弟弟。

4 과

p.44 听一听

1. 리리 : 네 이름은 뭐야?
   (당신의 이름은 무엇입니까)
   치치 : 내 이름은 치치야.

2. 치치 : 네 이름은 뭐야?
   리리 : 내 이름은 리리야.

3. 리리 : 네 이름은 뭐야?
   강아지 : 내 이름은 강아지야.

p.45 贴一贴

1. 치치 : 네 이름은 뭐야?
   사자 : 내 이름은 사자야.

2. 밍밍 : 네 이름은 뭐야?
   토끼 : 내 이름은 토끼야.

3. 밍밍 : 네 이름은 뭐야?
   판다 곰 : 내 이름은 판다 곰이야.

p.46 一起练习

5 과

p.54 听一听

1. 치치 : 너 몇 살이야?
(당신은 몇 살입니까)
밍밍 : 나 4살이야.

2. 치치 : 동생아, 넌 몇 살이야?
남동생 : 나 3살이야.

3. 치치 : 언니는 몇 살이야?
언니 : 나 9살이야.

4. 치치 : 네 강아지는 몇 살이야?
밍밍 : 4살이야.

5. 치치 : 네 고양이는 몇 살이야?
밍밍 : 7살이야.

6. 치치 : 네 토끼는 몇 살이야?
밍밍 : 8살이야.

p.56 贴一贴

1. 치치 : 네 남동생은 몇 살이야?
밍밍 : 내 남동생은 3살이야.

2. 치치 : 네 누나는 몇 살이야?
밍밍 : 내 누나는 9살이야.

3. 밍밍 : 네 여동생은 몇 살이야?
치치 : 내 여동생은 3살이야.

4. 밍밍 : 네 오빠는 몇 살이야?
치치 : 내 오빠는 9살이야.

p.58 一起练习

6 과

p.66 听一听

1. 치치 : 이것은 뭐야?(이것은 무엇입니까)
   밍밍 : 이것은 인형이야.

2. 치치 : 이것은 뭐야?
   밍밍 : 이것은 장난감이야.

3. 치치 : 이것은 뭐야?
   밍밍 : 이것은 모자야.

4, 밍밍 : 이것은 뭐야?
   치치 : 이것은 연필이야.

5. 밍밍 : 이것은 뭐야?
   치치 : 이것은 컴퓨터야.

6. 밍밍 : 이것은 뭐야?
   치치 : 이것은 책상이야.

p.68 贴一贴

1. 치치 : 이것은 뭐야?
   밍밍 : 이것은 연필이야.

2. 치치 : 이것은 뭐야?
   밍밍 : 이것은 컴퓨터야.

3. 치치 : 이것은 뭐야?
   밍밍 : 이것은 모자야.

4. 밍밍 : 이것은 뭐야?
   치치 : 이것은 장난감이야.

5. 밍밍 : 이것은 뭐야?
   치치 : 이것은 인형이야.

6. 밍밍 : 이것은 뭐야?
   치치 : 이것은 책상이야.

7 과

p.78 听一听

1. 치치 : 저것은 뭐야?
   (저것은 무엇입니까)
   밍밍 : 저것은 산이야.

2. 치치 : 저것은 뭐야?
   밍밍 : 저것은 태양이야.

3. 밍밍 : 저것은 뭐야?
   치치 : 저것은 달이야.

4. 밍밍 : 저것은 뭐야?
   치치 : 저것은 별이야.

p.80 贴一贴

1. 치치 : 저것은 뭐야?
   밍밍 : 저것은 태양이야.

2. 치치 : 저것은 뭐야?
   밍밍 : 저것은 별이야.

3. 치치 : 저것은 뭐야?
   밍밍 : 저것은 달이야.

4. 밍밍 : 저것은 뭐야?
   치치 : 저것은 산이야.

5. 밍밍 : 저것은 뭐야?
   치치 : 저것은 바다야.

6. 밍밍 : 저것은 뭐야?
   치치 : 저것은 무지개야.

8 과

p.90 听一听

1. 치치 : 아빠 뭐 드세요?
   아빠 : 나는 사과 먹어.

2. 치치 : 할아버지 뭐 드세요?
   할아버지 : 나는 수박 먹어.

3. 치치 : 엄마 뭐 드세요?
   엄마 : 나는 포도 먹어.

4. 치치 : 오빠 뭐 먹어요?
   오빠 : 나는 딸기 먹어.

p.92 贴一贴

1. 치치 : 너 뭐 먹어?
   (당신은 무엇을 먹습니까)
   밍밍 : 나는 사과 먹어.

2. 치치 : 아빠 뭐 드세요?
   아빠 : 나는 수박 먹어.

3. 치치 : 엄마 뭐 드세요?
   엄마 : 나는 과일 먹어.

4. 치치 : 할아버지 뭐 드세요?
   할아버지 : 나는 딸기 먹어.

5. 치치 : 할머니 뭐 드세요?
   할머니 : 나는 포도 먹어.

6. 치치 : 오빠 뭐 먹어요?
   오빠 : 나는 바나나 먹어.

p.94 一起练习

A : 너 뭐 먹어?
B : 나는 딸기 먹어.

A : 너 뭐 먹어?
B : 나는 수박 먹어.

9 과

p.102 听一听

1. 치치 : 오빠, 뭐 봐요?(무엇을 봅니까)
   오빠 : 나는 책 봐.

2. 치치 : 동생아, 뭐 봐?
   여동생 : 나는 텔레비전 봐.

3. 밍밍 : 누나, 뭐 봐요?
   누나 : 나는 시계 봐.

4. 밍밍 : 동생아, 뭐 봐?
   남동생 : 나는 동화책 봐.

p.104 贴一贴

1. 치치 : 너 뭐 봐?
   밍밍 : 나는 책 봐.

2. 치치 : 너 뭐 봐?
   밍밍 : 나는 텔레비전 봐.

3. 치치 : 너 뭐 봐?
   밍밍 : 나는 사진 봐.

4. 치치 : 너 뭐 봐?
   밍밍 : 나는 시계 봐.

5. 치치 : 너 뭐 봐?
   밍밍 : 나는 동화책 봐.

6. 치치 : 너 뭐 봐?
   밍밍 : 나는 너 봐.

p.106 一起练习

1. 치치는 무엇을 봅니까? - 手表(손목시계)

2. 밍밍이는 무엇을 봅니까? - 童话书(동화책)

3. 오빠는 무엇을 봅니까? - 书(책)

4. 누나는 무엇을 봅니까? - 电视(텔레비전)

10 과

p.114 听一听

1. 치치 : 너 어디 가?
   (당신은 어디 갑니까)
   밍밍 : 나는 동물원 가.

2. 치치 : 너 어디 가?
   리리 : 나는 유치원 가.

3. 밍밍 : 너 어디 가?
   치치 : 나는 놀이동산 가.

4. 妈妈: 你去哪儿?
   启启: 我去明明的家。

   엄마 : 너 어디 가?
   치치 : 저는 밍밍이 집에 가요.

p.116 贴一贴

1. 치치 : 너 어디 가?
   밍밍 : 나는 동물원 가.

2. 밍밍 : 너 어디 가?
   치치 : 나는 놀이동산 가.

3. 치치 : 너 어디 가?
   리리 : 나는 유치원 가.

4. 치치 : 오빠 어디 가요?
   오빠 : 나는 학교 가.

5. 치치 : 너 어디 가?
   밍밍 : 나는 슈퍼마켓 가.

6. 엄마 : 너 어디 가?
   치치 : 저는 밍밍이 집에 가요.

p.118 一起练习

1. 치치 : 오빠 어디 가요?
   오빠 : 나는 학교 가.

2. 치치 : 너 어디 가?
   밍밍 : 나는 슈퍼마켓 가.

치치·밍밍과 함께하는 중국어 배우기 1단계

지은이 윤창준, 이선희, 김미성, 김아정, 이주현
감 수 유겸공
삽 화 로고펠리스
펴낸이 신일희
펴낸곳 계명대학교 출판부

초판인쇄 2011년 5월 20일
초판발행 2011년 5월 25일

주 소 704-701 대구시 달서구 신당동 1000번지
전 화 053) 580-6233
팩 스 053) 583-5213
등 록 1970. 9. 1.(신고번호 제347-1998-1호)

ISBN 978-89-7585-549-8 74720
ISBN 978-89-7585-554-2 74720(세트)

CD 포함
정가 13,000원

치치·밍밍과 함께하는 중국어 배우기

mām a

치치·밍밍과 함께하는 중국어 배우기

bàba

치치·밍밍과 함께하는 중국어 배우기

nǎinai

치치·밍밍과 함께하는 중국어 배우기

yéye

치치·밍밍과 함께하는 중국어 배우기

爸爸

아빠

치치·밍밍과 함께하는 중국어 배우기

妈妈

엄마

치치·밍밍과 함께하는 중국어 배우기

爷爷

할아버지

치치·밍밍과 함께하는 중국어 배우기

奶奶

할머니

치치·밍밍과 함께하는 중국어 배우기

mèimei

치치·밍밍과 함께하는 중국어 배우기

gēge

치치·밍밍과 함께하는 중국어 배우기

dìdi

치치·밍밍과 함께하는 중국어 배우기

jiějie

치치·밍밍과 함께하는 중국어 배우기

哥哥

형, 오빠

치치·밍밍과 함께하는 중국어 배우기

妹妹

여동생

치치·밍밍과 함께하는 중국어 배우기

姐姐

누나, 언니

치치·밍밍과 함께하는 중국어 배우기

弟弟

남동생

치치·밍밍과 함께하는 중국어 배우기

nǐ

치치·밍밍과 함께하는 중국어 배우기

wǒ

치치·밍밍과 함께하는 중국어 배우기

hǎo

치치·밍밍과 함께하는 중국어 배우기

tā

我
나

치치·밍밍과 함께하는 중국어 배우기

你
너, 당신

치치·밍밍과 함께하는 중국어 배우기

他/她
그, 그녀

치치·밍밍과 함께하는 중국어 배우기

好
좋다

치치·밍밍과 함께하는 중국어 배우기

shīzi

치치·밍밍과 함께하는 중국어 배우기

xiǎo gǒu

치치·밍밍과 함께하는 중국어 배우기

xióngmāo

치치·밍밍과 함께하는 중국어 배우기

tùzi

치치·밍밍과 함께하는 중국어 배우기

小狗
강아지

치치·밍밍과 함께하는 중국어 배우기

狮子
사자

치치·밍밍과 함께하는 중국어 배우기

兔子
토끼

치치·밍밍과 함께하는 중국어 배우기

熊猫
판다 곰

치치·밍밍과 함께하는 중국어 배우기

èr / liǎng

치치·밍밍과 함께하는 중국어 배우기

yī

치치·밍밍과 함께하는 중국어 배우기

sì

치치·밍밍과 함께하는 중국어 배우기

sān

치치·밍밍과 함께하는 중국어 배우기

一

하나

치치·밍밍과 함께하는 중국어 배우기

二/两

둘

치치·밍밍과 함께하는 중국어 배우기

三

셋

치치·밍밍과 함께하는 중국어 배우기

四

넷

치치·밍밍과 함께하는 중국어 배우기

liù

치치·밍밍과 함께하는 중국어 배우기

wǔ

치치·밍밍과 함께하는 중국어 배우기

bā

치치·밍밍과 함께하는 중국어 배우기

qī

치치·밍밍과 함께하는 중국어 배우기

五
다섯

치치·밍밍과 함께하는 중국어 배우기

六
여섯

치치·밍밍과 함께하는 중국어 배우기

七
일곱

치치·밍밍과 함께하는 중국어 배우기

八
여덟

치치·밍밍과 함께하는 중국어 배우기

shí

치치·밍밍과 함께하는 중국어 배우기

jiǔ

치치·밍밍과 함께하는 중국어 배우기

qiānbǐ

치치·밍밍과 함께하는 중국어 배우기

wáwa

九
아홉

치치·밍밍과 함께하는 중국어 배우기

十
열

치치·밍밍과 함께하는 중국어 배우기

娃娃
인형

치치·밍밍과 함께하는 중국어 배우기

铅笔
연필

치치·밍밍과 함께하는 중국어 배우기

zhuōzi

치치·밍밍과 함께하는 중국어 배우기

diànnǎo

치치·밍밍과 함께하는 중국어 배우기

xīngxing

치치·밍밍과 함께하는 중국어 배우기

tàiyáng

치치·밍밍과 함께하는 중국어 배우기

电脑

컴퓨터

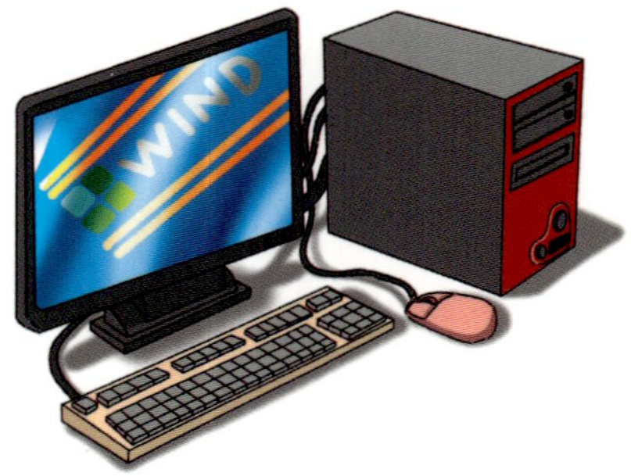

치치·밍밍과 함께하는 중국어 배우기

桌子

책상

치치·밍밍과 함께하는 중국어 배우기

太阳

태양

치치·밍밍과 함께하는 중국어 배우기

星星

별

치치·밍밍과 함께하는 중국어 배우기

cǎihóng

치치·밍밍과 함께하는 중국어 배우기

yuèliang

치치·밍밍과 함께하는 중국어 배우기

píngguǒ

치치·밍밍과 함께하는 중국어 배우기

xīguā

치치·밍밍과 함께하는 중국어 배우기

月亮
달

치치·밍밍과 함께하는 중국어 배우기

彩虹
무지개

치치·밍밍과 함께하는 중국어 배우기

西瓜
수박

치치·밍밍과 함께하는 중국어 배우기

苹果
사과

pútáo

치치·밍밍과 함께하는 중국어 배우기

cǎoméi

치치·밍밍과 함께하는 중국어 배우기

diànshì

치치·밍밍과 함께하는 중국어 배우기

shū

치치·밍밍과 함께하는 중국어 배우기

草莓

딸기

치치·밍밍과 함께하는 중국어 배우기

葡萄

포도

치치·밍밍과 함께하는 중국어 배우기

书

책

치치·밍밍과 함께하는 중국어 배우기

电视

텔레비전

贴-贴 스티커를 붙여요

1 과

P. 15

2 과

P. 25

3 과

P. 35

4 과

P. 45

5 과

P. 56~57

6 과

P. 68~69

7 과

P. 80~81

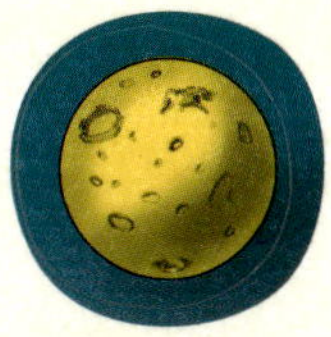

8 과

P. 92~93

9 과

P. 104~105

10 과

P. 116~117